हेवन

फायरबॉक्स

क्रम-सूची

प्रस्तावना

I,Aakansha Bhargava, Project head of the anthology book "Heaven" would like to thank Akash Gupta sir for all the guidance given by him to take this book to a final level.

I am also thankful to supreme personality of Godhead Lord Krishna.

It wouldn't be possible without patience and support of our beloved writers.I hope I'll get to work with you all again in future. Best wishes!

भूमिका

Heaven देश भर के विभिन्न सह-लेखकों द्वारा लिखी गई कविताओं, लघु कथाओं का एक संग्रह है। प्रत्येक लेखक ने अपने विचारों और जीवन को इस तरह से लिखा है कि पढ़ने वाले दर्शकों को आशावादी और आनंदित महसूस होगा। पुस्तक प्रकाशित करने के पीछे मुख्य कारण हमारे आसपास छिपी प्रतिभाओं को एक मंच प्रदान करना, लोगों को एक नया मंच प्रदान करना और उन्हें लिखने के लिए प्रोत्साहित करना है। यह पुस्तक का उद्देश्य समाज में प्यार और खुशी की आग जलाना और उनके दुखों के गायब होने की भावना पैदा करना है। मैं "HEAVEN" की प्रोजेक्ट प्रमुख होने के नाते अपने सभी लेखकों की आभारी हूं।

1
PROJECT HEAD & COMPILER

PROJECT HEAD:

Aakansha Bhargava & Akash Gupta

COMPILER: Anjali Gupta

2
Aakansha Bhargava

Aakansha Bhargava is an aspiring writer, and BRAVO world record holder, pursuing her passion of writing. Her debut book is Nishabd bol to which she played a role of compiler compiling 22 writers all over India. She has participated in 30+ anthologies as a co author. She is obsessed with books since kindergaten.She is having leadership qualities as she can lead with her skills.

याद

अब तुम मुझे याद नहीं आते
अब तुम मुझे याद हो गए हो
अब नहीं माँगती तुम्हें सजदों में
तुम मेरी पूरी हुई फ़रयाद हो गए हो||

और फ़र्ज़ करो कि तुमसे मिलने के
ढूँढे हमने बहाने हो
और हमेशा देखते हैं नज़रों में तुम्हारी हम
जैसे नज़रे तुम्हारी सचमुच की मयखाने हो||

तुम चुप रहो तो प्रतीत हो दुनिया में कोई बोल न
तुम राज़ बताओ तो लगे तुमसा कोई बोल न
तुम गले लगाओ झुक कर तो हम जैसे आज़ाद हो गए हो
अब तुम मुझे याद नहीं आते
अब तुम मुझे याद हो गए हो

3
Akash Gupta

Akash Gupta, an enthusiastic common man, a writer & a poet by passion But, he has a strong desire to create something extraordinary. He is in love with stories and poems. Even though he belong to a middle-class family,from Bengal, he never forgot to dream.

"You can achieve anything if you have the spirit to fight"- Akash Gupta(CEO Fireboxx Pvt. Ltd.)

काश ऐसी रात होती

"This poem is dedicated to someone special who lives in my heart and whatever I feel for her in my imagination, i'm trying to convey that from this Poem"

काश एक ऐसे रात होती
जिसकी की सुबह ना होती...

काश एक ऐसे रात होती
जिसकी की सुबह ना होती...

और वो रात तेरे साथ होती

हम बैठे होते एक खुली आसमां मै
तारो का करवाह साथ होता
जो, अगर टूट जाता कोई एक तारा
तो तेरे साथ होने दुआ मांगता...

काश एक ऐसे रात होती
जिसकी की सुबह ना होती
और वो रात तेरे साथ होती...
और वो रात तेरे साथ होती...

तेरी आँखों में मैं अपनी दुनिया पा लेता
तेरे गोद मैं सर रख, एक सुकून मिल जाती
तेरी प्यारी सी मुस्कुराहट में मैं खुद को पा लेता
तेरे सादगी में मुझे जन्नत मिल जाती...

काश एक ऐसे रात होती
जिसकी की सुबह ना होती
और वो रात तेरे साथ होती...

तेरे होंठ को चूम तेरी जुल्फो से खेलता
तेरे जिस्म की खुशबु को मैं अपना बना लेता
तेरे आँखों मैं पूरी कायनाथ देख लेता...

काश एक ऐसे रात होती
जिसकी की सुबह ना होती
और वो रात तेरे साथ होती...

4

CO-AUTHORS

1. Ankesh Kumar
2. Chandani kumar verma
3. Debjyoti Das
4. Deepak Bhatia
5. Muskaan Yadav
6. Pt.Om yash Tiwari
7. Shrey kumar Dutta
8. Shweta Rapriya
9. Sudhanvi Vakul Vakulabharanam
10. Tanuja Kiran
11. Tushar tyagi

5

Ankesh Kumar

This is Ankesh Kumar, an English Honors student from Deoghar, Jharkhand. He is very hardworking and starting his own business which is able to nurture his hobby and give time to himself he is a poet and one of his friend has a great contribution in becoming a poet he is writing in social things is also interested, he just starts working in the creative field, he has written very creative poems. His dream is to become a business man as well as write poetry.

एक तरफ़ा इश्क़

एक तरफ़ा इश्क़ ही बेहतर है मैं करता हूं तुम रहने दो
मैं चाहता हु कुछ कहना तुमसे मैं कहता हूं मुझे कहने दो ।।

तुम बीच सफर में छोड़ोगे तुम सब ख्वाबो को तोड़ोगे
मुझको यू अकेला छोड़ोगे तुम अपनी राहे मोड़ोगे
टूटे उम्मीदों को लेके मैं लिखता हूं मुझे लिखने दो
एक तरफ इश्क़ ही बेहतर है मैं करता हूँ तुम रहने दो।।

याद है मुझको अब भी वो पल तुम रूठे जो तुम्हे मनाता था
बातो बातो पे झगड़ा करना फिर माफी मैं मांगने आता था
पता नही था पल ऐसा आएगा मै कभी मना न पाउगा
माफी फिर मांगना चाहूं तुमसे पर माफी ना मै पाऊंगा
बीते लम्भो की यादों में जीना है मुझे जीने दो
एक तरफ़ा इश्क़ ही बेहतर है मैं करता हूं तुम रहने दो।।

यू रूठोगे तुम मुझसे ना याद मैं तुमको आउँगा
तेरी यादों में बस मै अपने अश्क़ बहाऊंगा
अश्क़ भरी इन पलको को मै मलता हु मुझे मलने दो
एक तरफ इश्क़ ही बेहतर है मै करता हु तुम रहने दो।।

पता नही था तुम छोर साथ हमारा गैरो के दामन थामोगी
किसी गैरो के खातिर तुम साथ हमारा छोड़ोगी
अब रहना है अकेले मुझको रहता हूं मुझे रहने दो
एक तरफ इश्क़ ही बेहतर है मैं करता हु तुम रहने दो।।

6
Chandni Kumari Verma

Chandni Verma from Bokaro, Jharkhand. her hobby is writing she loves writing poem and short stories she puts down my feelings on her poetry.

खुद की चिता

जनक ने अपनी बेटी बिन पैसे का दान दिया,

गई सीता बन ठन ससुराल कैकई ने भी सम्मान दिया,

तीन लाख से कम क्या पाया बिन औकात मुझे नाम दिया,

कुल्टा, बेस्या, कुलछन, हंसकर सबने नाम दिया,

सीता सी थी लानी बहु पर मिक्सर, बर्तन, फ्रिज, भाई ने दहेज़ मे खाख दिया,

सुन सुन कर जो रोई मैं,

सीता न बन पाई मैं,

जिस घर लेके आई धन, पाती कहाँ सीता सा मन,

खोंट नही गन मे मेरे, पर दहेज़ ने मन को प्रेम से हटा दिया,

गेहना, साडी, बर्तन, पलंग लेके जो आई मैं,

उन सब के आँखो मे देख नफरत बिना वजह हुई पराई मैं,

छोटे छोटे बात को लेके जो पहाड़ बन जाते हैं,

शादी के दिन लिए जो कर्ज़ माँ ने सुन खोकले बन जाते हैं,

यहाँ सब मेरे सपने जलकर अपने सपने सजाते हैं,

लौटा, चम्मच, ग्लास, थाली, कांसे के सारे बर्तन हैं नकली,

थी नही कोई कीमत धन कि मुझको,

तानो ने कीमत समझा दिया,

गिध् बने सब नोच रहे, जैसे शिकार ही बन पाई मे,

सात फेरों के सात रंग ने मन मेरा भी बदल दिया,

एक ना मानी प्रेम की मेरी, दहेज ने सब कुछ भुला दिया,

खंरोच नही जिस्म पे मेरे,

मन मे घाव भरा हुआ,

देखा नही किसी ने ना मुझ को,

सीता नही मे बता दिया,

किसी किसी दिन खुद को मैंने

पेट्रोल से नहलाया था, सोच कीमत दहेज़ की, ये हट भी भुलाया था,
देख दहेज़ के गिद्धों को, खुद की चिता बना दिया,
वक़्त गुज़र गए तो क्या, दहेज़ छोड़ पीछे मुड़ कर तो देखते,
आज भी हम सीता ही दिखते।

7
Debjyoti Das

International Humanitarian Award and Laureate Award winner for the contribution in the field of Literature, Debjyoti, an Author and Poet is professionally a teacher of English language and literature residing in Kolkata, India. A prolific writer who has co-authored more than forty anthologies till now. His solo book of love poems has been published recently and received positive reviews and responses from the readers and well-wishers

My Dreamy Heaven

Groping and crouching
Scrambling and fumbling
Turing and twisting,
Sometimes and somewhere
Half-straight here,
Half- bent there,
Eyeing to my destination,
Worn out and half spent
As an undeterred mountain goat
With my rock solid determination
To scale the top,
Till my last breath,I swear,
I knew,I had nothing to fear,
It's you,who dwell there,
With your out- stretched hand near,
You are waiting to find me dear,
Shinning and Scintillating,
With your smile enchanting,
You are my dreamy heaven
Embraces my spirit enliven.

8
Deepak Kishor Bhatia

Deepak Kishor Bhai Bhatia is a businessman by profession, and he has interest for writing short stories and poem, His hobbies are travelling and exploring nature.

<u>प्रतिष्ठा का मूल्य</u>

(यह कहानी है... एक कल्पनिक पर इसका मूल्य अर्थ समजना बहुत जरूरी हे)

शहर में दौड़ती हुई एंबुलेंस की आवाज के साथ.. ....

जल्दी-जल्दी डॉक्टर.... डॉक्टर कुछ कीजिए डॉक्टर....,

देखो इसको क्या हो गया

डॉक्टर : ठीक है मैं देखता हूं., (10 मिनिट के बाद)

इसको कुछ इंफेक्शन हो गया है शायद कोई दवा का या कुछ और लेकिन चिंता की कोई बात नहीं कुछ टेस्ट करने होंगे.

मरीज के परिवार वाले : इनको कल बुखार था.

तो इसे एलोपैथी वाली दवा दी थी. लेकिन फिर कुछ समय बाद अचानक से बेचैनी सी और घबराहट हुई मालूम नहीं क्या हुआ है.

डॉक्टर :देखो इसको ब्लड टेस्ट और दूसरे कई तरह के टेस्ट कराने होंगे.

परिवार वाले: कितना खर्च लगेगा डॉक्टर.

.डॉक्टर: कुछ 40 से 50 हजार

परिवार वाले : 40 से 50 हजार.... इतना पैसा कहां से . हम बहुत साधारण परिवार से है.

डॉक्टर.. लेकिन यह सब टेस्ट करना ही पड़ेगा आप ऑफिस में पैसा जमा कराइए उसके बाद टेस्ट करेंगे.

परिवार वाले :कोई बात नहीं कहीं से भी मैं पैसे का इंतजाम कर लूंगा आप सिर्फ इनको ठीक करो.

डॉक्टर :फाइन. That is good.

कुछ दिन बाद ....

परिवार वाले : मैंने 50.000 ऑफिस में जमा कराया था क्या आया है रिपोर्ट में. सर

डॉक्टर : मामूली भूखार था और कफ।, अब यह नॉर्मल है.. और कुछ दवा लेनी पड़ेगी

परिवार वाले. जी सर.. (उदास हो कर)

काका : जय श्री कृष्णा

डॉक्टर : जय श्री कृष्णा .अरे काका आप कब आए.

काका : बस अभी लेकिन यह सब क्या है. एक गरीब परिवार और इतने पैसे लेना...

डॉक्टर :यह सब तो चलता ही रहता है.

काका : हां लेकिन उसके पास तो पैसे भी नहीं थे. कहां से लाएगा दिखने में बहुत साधारण गते हैं.. ऐसे और कई लोग

होंगे जिनके पास इलाज के लिए पैसा नहीं होगा. छोटी- छोटी बीमारी के लिए. सिटी स्कैन,एक्स रे, लैबोरेट्री टेस्ट आदि ऐसे सब

टेस्ट करवाना यह सब कुछ इतना पैसा लेना कुछ ठीक नहीं है..

डॉक्टर: इतनी बड़ी हॉस्पिटल चलाने में. You know मुझे भी खर्चा लगता है, मेंटेन करना पड़ता है, सब पैसे की

मारामारी है. काका. पैसे की...

काका :.हां लेकिन पैसा ही सब कुछ नहीं होता. बेटा

कुछ हमदर्दी ,दिलासा ,इज्जत और. दुआ भी कमानी पड़ती है.

इन सब का भी कुछ मायना होता है... प्रतिष्ठा कितनी भी बड़ी क्यों ना हो. इन सब के बिना प्रतिष्ठा का कोई मॉल नहीं .कोई

मूल्य नहीं , ऐसे कई लोग होंगे जिन्होंने सिर्फ और सिर्फ पैसा ही कमाया है और इज्जत और दुआ ना के बराबर... गौर करना

इसके बारे में कभी...

डॉक्टर : छोड़िए न काका आप कुछ लेंगे चाय,कॉफी

काका : जी नहीं शुक्रिया.

मैं तो मेरी बेटी कुसुम की शादी का कार्ड देने आया था.

डॉक्टर : कुसुम इतनी बड़ी हो गई.

काका : हां,

डॉक्टर : यह तो बड़ी अच्छी खबर है. कब है शादी

काका : 15 दिन बाद लेकिन. तुम्हें जरूर आना है. बहुत छोटे थे तब तुम गांव आए थे.

तुम्हारे मां बाप के गुजर जाने के बाद. फिर ,आए ही नहीं ..

डॉक्टर : हां.. बहुत साल हो गए वक्त का पता ही चला डॉक्टर की पढ़ाई ,प्रैक्टिस ,जॉब,अब अस्पताल इसमें ही वक्त गुजर

जाता है. लेकिन मैं शादी में जरूर आऊंगा sure.

काका: अच्छा बेटे मैं चलता हूं ये रहा शादी का कार्ड जरूर आना

डॉक्टर : अरे काका इतनी जल्दी.

काका : हां बेटा .बहुत सा काम बाकी है .जय श्री कृष्णा

डॉक्टर : जय श्री कृष्णा. काका.

काका के जाने के बाद उसे मन में सवाल आने लगाक्या कह गए काका... क्या गौर करना है. इज्जत, हमदर्दी, दुआ . मूल्य.. व्हाट्स.....??? डॉक्टर पूरा दिन सोचता ही रहा उसकी तो नींद ही उड़ गई मैंने तो पैसा..कमाया

मगर इज्जत कमाना .. आदि ??? समथिंग मिसिंग और वह सोचता ही रहा

एक दिन अचानक उसे ख्याल आया क्यों ना मैं वेश बदलकर अपने ही अस्पताल में जाकर देखू, क्या है मेरा मूल्य क्या सोचते है मेरे बारे में..

मुंह पर तो सब डॉक्टर ,सर जी. कहते हैं लेकिन पीठ पीछे क्या कहते हैं. ? Let s try...

और वह अस्पताल वेश बदलकर जाता है.

एक दर्दी : यह जो डॉक्टर है . इलाज तो करता है लेकिन पैसा बहुत लेता है.

इतना के कभी मजबूरी में कुछ सामान गिरवी भी रखना पड़ता है यहां फिर बेचना भी पड़ता है.

मरीज: हमने भी बहुत पैसा देकर इलाज करवाया है.

कंपाउंडर : बड़ा खड़ूस डॉक्टर है. उसके लिए पैसा ही जीवन है पैसे के बिना यह तो बात भी नहीं करता ,उसको सिर्फ पैसा और पैसा ही चाहिए.

स्टाफ.. हमने खुद देखा है. छोटी से छोटी बीमारी का भी. ज्यादा पैसा ले लेता है. सामने वाला पैसे से खाली हो जाता है.. भगवान इसको अच्छी सद्बुद्धि दे.. ओम नमः शिवाय

(........ म्यूजिक. शेयर बाजार वाली..) new film Harshad Mehta

अब डॉक्टर कोको मालूम पड़ गया उसके प्रतिष्ठा का मूल्य...उसे अब डॉक्टर की डिग्री का, अब कोई मोह ना रहा वह उदास हो गया...इतनी डिग्री हासिल करके .

अस्पताल यह बंगला यह गाड़ी. पैसा अगर कोई इज्जत देने वाला नहीं. दिल में दुआ नहीं.
तो क्या फायदा. .. only money is not a life.... it's true .

और वह माइंड फ्रेश करने के लिए काका के गांव जाता है. (रास्ते पर ये गीत)
फिल्म¬- (खुदकर्ज)...दोलत कमाई कुछ ना शोहरत कमाई कुछ कमाया....
गांव मे आते ही म्यूजिक ऑफ मेरेज....ˋ
काका : आओ बेटा. वेलकम. वेलकम. रास्ते में कोई तकलीफ तो नहीं हुई.?
डॉक्टर : जी नहीं. कितना अच्छा एटमॉस्फेयर है गांव में VERY NATURAL AND PURE PEACEFUL MUST SAY शादी में कुछ काम हो तो बताइए ,,
काका
काका : अरे कुछ नहीं. बहुत सालों बाद आए हो तो कुछ दिन आराम से रहना.. और किसी चीज की जरूरत हो तो बेझिझक कहना.
डॉक्टर : जी शुक्रिया ... शादी में लोग ऐसे खुश थे जैसे खुद के घर की शादी हो नाचना, गाना, आए हुए लोगों सम्मान के साथ स्वागत ,एवं भोजन के साथ मुंह मीठा करवाना पूरा खुशी का माहौल छाया हुआ था, छोटे से लेकर बड़ों तक गांव में सभी लोग मिलजुल कर शादी को त्यौहार की तरह मना रहे थे.और अंत में विदाई समारोह, दरमियान.............
सभी के आंखों में आंसू थे, जैसे खुद की बेटी, बहन की विदाई हो,. वाह क्या बात है, डॉक्टर तो देखता ही रह गया सभी लोग काका की अनुमति लेकर अपने अपने घर जाने लगे.
यह सब देखकर डॉक्टर, इमोशनल हो गया.
Amazing , what a bonding love another.... .good .
काका : कैसी रही शादी?
डॉक्टर.: Amazing. काका
यह लोग गांव में आप की कितनी इज्जत करते हैं काका सभी ने अपना अपना काम , शादी में बखूबी निभाया
Best ever... जैसे कोई त्यौहार हो great
काका: यह सब लोगों का प्यार है. बस रात बहुत हो गई, चलो आराम करो सो जाओ

डॉक्टर : जय श्री कृष्णा काका

काका. जय श्री कृष्णा बेटा

दूसरे दिन सुबह चिड़िया की आवाज के साथ सूरज निकल रहा था.

म्यूजिक ऑफ बंसी.....

वहां घर के आगे चौराहे पर लोगो की लाइन लगी हुई थी,

डॉक्टर : देख कर बोला यह सब क्या है,यहां क्यों आए हैं लोग, यह किस चीज की लाइन है,? पता चला के वह काका आयुर्वेदिक आचार्य ,वेद है. और वह भी मेडलिस्ट.

गांव और आसपास गांव वाले भी अपना इलाज कराने काका के पास आते हैं.. बोलो धनवंतरी मात की जय....

(म्यूजिक ऑफ. लगान..)

What a surprise.

काका आप भी डॉक्टर हो.?

काका:जी हां

Wow that's fantastic.

आपने कभी बताया नहीं. ?

काका : , जी वो शादी के चक्कर में, हमारी बात ना हो पाई.

डॉक्टर : . ओके फाइन. आप आयुर्वेदिक कैसे इलाज करते हो मैं भी देखना चाहता हूं.

काका: ठीक हे यहां बैठ जाओ.

चलो और आप सभी लाइन में एक-एक करके आओ

बोलो राजाराम आपको क्या तकलीफ है.?

राजाराम: जी मुझे कुछ दिनों से पीठ में तकलीफ है बहुत दर्द होता है.

काका: यह लो मलहम पीठ की मालिश करें और साथ इस तरह के आसन करें.

खाने मे इमली और नींबू एवं खट्टी चीज ना खाए.

राजाराम : जी अच्छा कितना हुआ

काका : Rs 55.

राजाराम : धन्यवाद यह लो..

काका : अगला . नंबर...

इस्माइल शेख : पिछले कई दिनों से मुझे पेट में दर्द होता है. कभी ज्यादा तो कभी कम.

काका : दर्दी का पेट और पल्स. जांच कर. बताया कि

तुम्हें तो पथरी है. यानी स्टोन.

इस्माइल शेख: मुझे क्या करना होगा. कितना खर्चा होगा और कब ठीक होगा.

मेरे छोटे-छोटे बच्चे हैं. मुझे रोज ब रोज कमाना पड़ता है.

काका :अरे अरे .. इतना घबराओ मत मैं कुछ औषधि और पाउडर देता हूं .

तुम रात को सोते समय यह औषधि गर्म पानी के साथ ले लेना. तुम्हारी यह पथरी.

सुबह निकल जाएगी.

इस्माइल शेख : अरे वाह इतनी जल्दी ठीक हो जाऊंगा कितने पैसे .?

काका : पैसा बाद में पहले दवाई लो.अगले दिन बाद इस्माइल शेख हंसते आया.

और काका का पांव पकड़कर बोला. धन्यवाद आपका

पेट के दर्द के कारण मैं बहुत परेशान था.अब बिल्कुल स्वस्थ हो गया हूं.

कितना रुपया हुआ. ?आचार्य जी

काका : RS 80

इस्माइल शेख : बस ,Rs 80 रुपया यह लो.

आपका बहुत-बहुत शुक्रिया, अल्लाह आपको महफूज रखें... आमीन.

इस तरह डॉक्टर ने महसूस किया गांव में काका ने लोगो के बीच रहकर कितना

अच्छा काम कर रहे हैं. पैसे के साथ, इज्जत और दुआ भी कमा रहे हैं.

गांव में काका को सब लोग भगवान मानते हैं. और वहां मैं शहर में. सिर्फ पैसा

और पैसा ही कमाया पैसे को ही भगवान जानने लगा. कितना गलत था मैं.कितना

गलत.

रोते हुए काका को बताता है...

मैं भी आपके इस गांव में अब रहना चाहता हूं. मुझे अब आपका आशीर्वाद चाहिए.

मुझे अब समझ आई पैसा तो मैंने बहुत कमाया...

लेकिन अब इज्जत,और दुआ भी कमाना चाहता हूं

काका : उठो बेटा. यह तो अच्छी बात है ।.

इस गांव में बड़े अस्पताल से छोटी से लेकर बड़ी बीमारी का ईलाज किया जाए तो

इसे अच्छी बात क्या हो सकती है।

डॉक्टर : जी बिलकुल ,मुझे भी आप अपनी आयुर्वेदिक टिप्स देना ताकि मैं भी

आपकी तरह लोगों का प्यार मिले.

काका : , लेकीन ?

डॉक्टर : लेकिन किया.. ? काका,

काका : लोगो का ईलाज सस्ते दामों पर और पूरे हमदर्दी के साथ हो,

डॉक्टर : क्यों नहीं,जिंदगी की सारी पूंजी लगाकर मुझे गांव में रहना है.

आपके साथ मुझे अब पैसे नहीं बल्के दुआ,आशीर्वाद कमाना हे,
तभी मेरा जीवन सार्थक बनेगा, और..मेरी प्रतिष्ठा का कोई मूल्य होगा...
वक्त गुजरते हैं ..
गांव में एक बड़ा आयुर्वेद अस्पताल बना जो छोटी और बड़ी बीमारी का इलाज कम
दामों में होने लगा.वही काका की पुड़िया ,मलहम ,और कुछ डॉक्टर की Technic.
दोनों ने साथ मिलकर.और ज्यादा पुण्य कमाए,... गांव वाले और गांव के आसपास
के लोग भी खुश खुशहाल हो गए.

    बोलो श्री कृष्ण कन्हैया लाल की जय....(शंख की आवाज)
यह थी प्रतिष्ठा का मूल्य की कहानी..का सुखद अंत ;
आप भी कुछ गौर करना ,अपनी डिग्री, और अपनी प्रतिष्ठा का..
सही मायने में क्या है... प्रतिष्ठा का मूल्य

9

द फार्मर (THE FARMER)

यह कहानी है एक गाँव की जो धीरे-धीरे बदल ने जा रहा था, गाँव के कई लोग शहर की लाइफ स्टाइल और मॉडर्न तरीको को अनुसरण करने लगे. उनको पता ही नहीं होता के उनकी सरल,स्वस्थ,शुद्ध वातावरण वाली ज़िंदगी का अनमोल मूल्य.

और यहां शहर के लोगों को गाँव की सरल लाइफ स्टाइल और त्योहार एव शुद्ध वातावरण अच्छे लगते हैं, सरल लाइफ स्टाइल का अनमोल मूल्य वो समजते हे.और निश्चिंत होकर कहते है के भागदौर वाली जिंदगी छोड़ के गाँव जाकर खेती / घर खरीद लु . शुद्ध सवस्थ खाना खाऊ शुद्ध नेचरल शांत वातावरण मे रहू ...

यहां गाँव का एक पिता सरल खेती करके कर्जा लेकर बेटे को शहर पढ़ाने – बड़ी डिग्री हासिल कराने भेजता है ताकि शहर मे रहे और मॉडर्न जिंदगी बसर करे, बेटे ने दिग्री तो प्राप्त कि मगर बहुत अर्ज के बाद भी बेटे को नौकरी नहीं मिलती आखिर थक हारकर बेटा गाँव जाकर पिताजी की खेती मे काम करता है , खेती संभालता है पर आजकल की जनरेशन में सबर(धीरज) कहां है वह तो ज्यादा और जल्द ही पेसा कमाने के नए-नए शर्टकट रास्ते अपनाते है..

वो बेटा भी ज्यादा पैसा कमाने की लालच में नए-नए शर्टकट रास्ते अपनाता हे। उस गाँव मे एक फर्टिलायजर कंपनिय आकर झूठी- झूठी एडवर्टाइज देकर और आदि मुनाफा बता कर सबको लालच देती है। की

|इस यूरिया / रासायनिक केमिकल वाली खेती किय जाए .तो फ़सल अरछी और ज्यादा होगी और मुनाफा अधिक मीलेगा काफी तरह-तरह की झूठी बात बताकर वो कंपनिय उस बेटे से पेसा लेके लालच देकर झांसे में डाल देती है.

इस तरह वह बेटा लालच मे आकर कर्जा लेकर केमिकल खरीदता हे पिताजी को पूछे बिना ही पूरी खेती यूरिया केमिकल वाली करने लग जाता हे पुरे खेत में यूरिया केमिकल डाल देता है.

कुछ महीनों बाद । फल फूल अनाज तो क्या वह जमीन बंजर हो जाती हे, पता चलता है कि वह जमीन यूरिया केमिकल की वजह से हुई है। जो उसने खरीदा था. वो कंपनि के पास चला जाता है जहां से उसने वह कर्ज लेकर यूरिया केमिकल लिया था लेकिन कंपनी वाले तरह तरह की बात बता कर उसको ऑफिस से धक्के मार कर निकाल देते हैं .. ओर तो ओर उसके कर्जदार भी बढ़ जाते हैं..

अंदर आसपास गाँव वाले भी बेटे का मजाक उड़ाते हैं
पिताजी भी बेटे पर बहुत गुस्सा हो जाते हैं.
बेटा पूरी तरह से मायूस हो जाता है. और पछताता है .
ये क्या हो गया.. ये मेने किया कर दिया....
दिनरात चिंता मे रहता हे .. ज्यादा और जल्द पैसा कमाने के लालच मे बहुत नुकसान हो गया ...
वह सुकुन कि तलाश मे गाँव के मंदिर में बैठ जाता है.
मंदिर के बाहर पंडित और ज्ञानी लोग पुराने जमाने की बात करने लगते है . पुराने जमाने मे कैसे लोग अपना जीवन बिताते थे.
किस तरह पोस्टिक एव स्वस्थ दूध और अनाज होता था, कैसे सात्विक भोजन लोग करते थे,
किस तरह की जेविक खेती होती थी और कैसे वेद और शास्त्रों को अपनाते थे.

आजकल तो बस,,, मोडर्न सायन्स.. नया जमाना
मोडर्न में पूरी दुनिया पागल है...
कहते हम स्मार्ट है.

उनको क्या पता वेद और शास्त्रओ तथा कृषि विध्या के बारे में. आजकल तो वेद

और शास्त्र पंडित तक ही सीमित हो गए हैं.
मालूम नहीं आगे जाके क्या होगा.......

यह सुनकर बेटे को जिज्ञासा हुई सोच ने लगता हे के आखिर क्या है इन वेद एव शास्त्रों और कृषिविध्या में. ?

वह जानने में जुट जाता हे वहा गाँव के पास में एक लाइब्रेरी थी .

वहां उसने सारे वेद और शास्त्र ज्ञान हासिल करने लग जाता है उसने पढ़ते-पढ़ते पूरा ज्ञान हासिल कर लिया, किस तरह की खेती होनी चाहिए किस तरह पोस्टिक अन,फल और आदि पेड़-पौधों होने चाहिए, आखिर पूरी तरह से वेदिक कृषि विध्या की शिक्षा ग्रहण करली.

अब उसका होशला बडा .,, पूरी उम्मीद के साथ

|बेटा पिताजी के पास जाता हे। मनाने को

यहां उसके पिताजी बडे जिद्दी थे , वह बेटे को बोलते है ..की एक ही तो जमीन थी हमारी जिससे हमारा घर चलता था।

उसे तुमने अनाज तो क्या खेती करने लायक भी नहीं छोड़ी।

पूरी तरह केमिकल से हमारी जमीन को बंजर कर दी.

(तुम्हें क्या मैं और मौका दु.)

बेटे ने कहा कि एक मौका दो पिताजी ...

मैं अब वैदिक खेती करना चाहता हूं अच्छी खेती करना चाहता हूं ऐसा विश्वास दिलाया. एक मौका मांगा बडी उम्मीद के साथ,

बेटे की माँ बड़ी धार्मिक थी. माँ ने पति को समझाया और बताया कि. कुछ कर दिखा ने का उसे और एक मौका देना चाहिए आखिर बेटे को मौका दिया गया ..

****

(बेटा दोनों का आशीर्वाद लेके) खेत पर जाकर पहले बेटे ने पूरी जमीन को बड़ी महेनत से केमिकल मुक्त किया और गोबर, जिवा अमृत, नेचरल औसद आदि से माटी को खेती के लायक बनाया.

फिर वैदिक और शास्त्र तथा कृषि विध्या के मुताबिक पुरी खेती की सिंचाई की उसमें बीज बोए,सब कुछ ऐसा ही किया जैसे वेदिक कृषिविध्या में लिखा गया था.. बेटे ने उस जमीन को खेतीलायक बनाने मे समर्पित हो गया

धीरे धीरे वक्त बीत ता गया... हर रोज जी जान से मेहनत करता गया

सर्वगुण मेहनत का कोई शर्टकट नहीं होता ...

अब बस इंतजार था की गयी मेहनत के फल का...

कुछ महीनों बाद... देखा कि ...

खेत मे पत्ते /बीज / अंकुर होने लगे फसल आना शुरू हुई। फल,फूल अनाज आने लगे इस तरह वक्त के चलते -चलते पूरे खेत में हरियाली और हरियाली छा गई,

उसकी लगन और मेहनत रंग लाई. हसिल कि गई वेदिक कृषिविध्या काम आई

बेटा को अपनी खेती देखकर खुशी का ठिकाना नहीं रहा और भागते - भागते अपने माता-पिता के चरण छू के आशीर्वाद लिया और माता-पिता को खेत दिखने ले आया ।

पिताजी हरियाली खेत को देखते हुए बहुत खुश होकर बेटे को आशीर्वाद दिया. और कहां तुमने गाँव में सबसे अच्छी खेती की है माँ ने कहा जिओ मेरे लाल .. माँ ने अपने पति को कहा देखो जी मेने कहा था, ना, उसे और एक मौका देना चाहिए। पहेले से कही जियादा और कितनी हरी भरी हो गई हे ।

हमारी खेती,

गाँव के लोग उसे बधाई हो बधाई देने लगे... पूरा परिवार खुशी में नाचने लगा.

भगवान का शुक्रिया करके. दशहरा त्योहार मनाने लगा.
बूराय पे अरछाई कि जीत .. श्न्ख कि आवाज ....

इसी तरह उसकी खेत मे श्रेष्ट और ज्यादा फसल हेने से अच्छा एव अधिक दाम मिला..

बेटे पूरा कर्ज भी समाप्त हो गया. घर में पैसा आने लगे,

यहां उस बेटे के शादी के रिश्ते भी आने लगे,

और उसकी अच्छे परिवार से लड़की मिल गई। बेटे का विवाह भी बड़े धूमधाम हुआ । लड़की का पिता भी किसान था.. वह भी बहुत प्रभवीत हुआ . उस के काम से , बेटे की पत्नी बड़ी सुशील और सुंदर मिली वह अपने सास और ससुर एव घर की देखभाल के साथ पति के काम में भी हाथ बढ़ाने लगी.

बेटा उस ज्ञान को सीमित नहीं रखना चाहता था.

वह चाहता था कि सबको ऐसी ही वेदिक खेती का ज्ञान मुफ्त में बातु

धीरे-धीरे वह पूरे गाँव को वेदिक खेती के बारे में बताने लगा और सब

बेटे की बात को गाँव वाले मान कर के अपनी खेती करने लगे..

पूरे गाँव मे श्रेष्ट फसल और ज्यादा हेने से सब को भी अधिक दाम मिला.

धीरे धीरे पूरे गाँव की खेती और हरियाली होती गई...

आखिर बेटे को गाँव वालों ने गाँव का मुखिया बनाया और समानित किया... बड़ी इज्जत दी. यहां तक कि उस को गुरुजि कहने लगे.

आस-पास गाँव वाले भी वेदिक खेती करने लगे..

यह बात सरकार तक पोहच गई.

सरकार की ओर से बेटे को न्योता मिला.।। की

यह सारा ज्ञान वैदिक और कृषि विध्या पूरे देश में बाटा जाए.

सब को तालीम देकर सब जगह वेदिक खेती कि जाए ताकि , हर गाव -शहर पूरा देश

श्रेष्ट फसल के साथ हरियाली- हरियाली हो जाए. उसने सब को गाँव-गाँव / शहर-शहर हर जिल्ला एव राजयो मे जाकर सभी कों सीखाया वेदिक ज्ञान दिया..

अंत मे एक ही बात बताई।

बहुत हो गया मॉडर्नाइज. / मॉडर्न साय्न्स

चलो वेदों की ओर...आपनाओ वेदिक / कृषिविध्या

(Organic) जेवीक खेती करे स्वस्थ एव पोस्टिक खाना खाए और खिलाय

अंत में सरकार की ओर से उसे नोबेल पुरस्कार मिला..

जो हर किसी को नहीं मिलता .वह थेा. मैन ऑफ द ग्रेट फार्मर..

Become Organic Generation

ओल्ड इस गोल्ड.. सही मायने मे साबित हुआ ।।

आभार सह..

10
Muskaan yadav

Muskaan Yadav from Rewari {Haryana}.she is a student of
bachelor of Education (B.Ed).she do love reading novals and do
writing poems,stories as well.she is glad to have an opportunity to
write in this anthology.

समय-सबसे अनमोल रत्न

समय एक ऐसी चीज़ है जिसे न तो आज तक कोई रोक पाया है और न कभी रोक पायेगा । समय एक ऐसी अनमोल चीज़ है जो राजा को रंक और रंक को राजा बना सकती है।समय उसी का साथ देता है जो समय का सद उपयोग करता है इसिलए हमें हमेशा समय के साथ चलना चाहिए ,हर कार्य समय से करना चाहिए कभी यह नही करना चाहिए कि आज नही कल करेंगे क्योंकि अगर एक बार समय बीत गया तो कभी लौटकर नही आएगा।समय सबसे अनमोल है इस बात का सबसे बड़ा उदाहरण है हमारा बचपन जब हम छोटे होते है तो हमे कोई चिंता नही होती बस खेलों, खाओ, और दोस्तो के साथ के मज़े करो बस और कुछ नही हाँ अपने बड़ो को देख कर यह ज़रूर सोचते थे कि हम भी जल्दी से उनकी तरह बड़े हो जाये और उनके जैसे सब काम करे और आज जब हम बड़े हो गए सारी ज़िम्मेदारी उठने लगे बाहर की दुनिया को जानने लगे तब सोचते है कि काश हम छोटे बच्चे ही रहते लेकिन वो बचपन का समय बीत गया जो अब कभी वापस लौटकर नही आएगा।वैसे हर इंसान को समय के मूल्य को समझना महत्वपूर्ण है क्योंकि यह कभी भी एक जैसा नही होता इसिलए जो इंसान समय की कीमत समझता है वही इंसान अपने जीवन मे क़ामयाबी की ऊँचाई को हासिल करता हैं।समय एक ऐसी चीज़ है जो हीरे और सोने से भी ज़्यादा मूल्यवान है।कुछ लोग कहते है कि पैसा सबसे ज़्यादा मूल्य रखता है पर मेरा मानना है कि 'समय' पैसे से भी कई ज़्यादा मूल्यवान हैं।

समय का मतलब बहुत सारा काम करना नही है बल्कि इसका अर्थ है सारे काम को समय से पूरा करना। सही मायने में हमें समय की महत्वपूर्णता जब समझ मे आती है जब वास्तव में हमारे पास इसकी कमी होती है।एक छात्र परीक्षा देते समय प्रत्येक मिनट के मूल्य को महसूस कर सकता हैं,एक सामान्य परिवार समय की कीमत को जब समझता है जब उन्हें की अतिआवश्यक काम से बाहर जाना हो और उनकी ट्रैन सिर्फ कुछ मिनटों से छूट जाए या जब कोई व्यक्ति अपनी नौकरी के इंटरव्यू के लिए जाए लेकिन बस कुछ मिनटों से देरी से पहुँचने की वजह से उसे खारिज कर दिया जाए तब लोग यही सोचते है कि काश समय पर सारे कार्य करते तो आज हमारे साथ ऐसा नही होता लेकिन तब तक बहुत देर हो चुकी होती है वो कहते है ना कि "अब पछताए होत क्या जब चिड़िया चुग गयी खेत"अर्थ है कि अब पछताने से कोई फ़ायदा नही है क्योंकि जो समय चला गया वो अब लौटकर वापस

कभी भी नही आएगा।

इसीलिए तो कहते है कि समय है तो एक सामान्य शब्द लेकिन इसके महत्व को समझना बहुत ही मुश्किल है।समय सफलता के उच्च शिखर पर चढ़ने की सीढ़ी के समान है जो इस सीढ़ी पर चढ़ता है वहीं एक दिन ऊँचे शिखर को छूता है।

11
Pt. Om Yash Tiwari

पंडित ओम यश तिवारी {भुदेव},B.A.LL.B.(छात्र) है , वीर रस के युवा कवि
2 बार शब्दांचल मंच से लाइव काव्य गोष्ठी में पुरुषकरत्.प्रकाशित रचनाए :~
दैनिक भास्कर के साप्ताहिक साहित्य भास्कर मे कालम मे जादूगर मे कविताए,
fasico, मनसा वाचा कर्मा, world anthrology जैसी अन्य पुस्तको मे कविता
प्रकाशित

नारी शक्ति

जिस देश की धरती को मैंने था मां कहकर स्वीकार किया
उस देश में देख दशा नारी की आज खुद पर है धिक्कार किया|

जिस नारी ने सावित्री होकर पति को यम से छुड़ा लिया,
सीता ने अग्नि परीक्षा देकर पतित पावन होने का प्रमाण दिया।

जिस नारी लक्ष्मीबाई ने झांसी की खातिर अपना जीवन दे डाला था,
जिस पद्मावती ने जौहर कर राजस्थान की माटी में अग्नि संचार कर डाला था।

उस नारी की रक्षा हेतु राम ने लंकेश को ललकारा था,
उस नारी की रक्षा हेतु पांडवों ने कौरवों को संघारा था।

कहां गई वह वीरता कहां गई वो सुरता क्या अब हमारे लहू में अग्नि का प्रभाव
नहीं,
लगता है अब हम सब मे बचा तनिक भी गीता का वो ब्रहम ज्ञान वाला भाव नही।

कहने को तो कई राणा कई चौहान और छत्रसाल मतवाले थे,
कभी ना हारे इस धरती पर वो बाजीराव पेशवा भी हमारे थे।

पर गांधी के अहिंसा वाले पाठ में तुमने सब कुछ भुला दिया,
अपने अंदर बैठे उन वीरों के अंशो को भी तुमने सुला दिया।

तो सुनो छोड़ गांधी की अहिंसा को अब तुमको हिंसक बनना ही होगा,
नारी की रक्षा हेतु तुमको अब धरा पर विध्वंसक बनना ही होगा।

नदियां बहती हैं खून की तो बहने दो लाशों के लगने दो अब अंबार यहाँ,
नारी की खातिर बन अर्जुन सा संघागारी करना होगा धरा का उद्धार यहाँ।

मेरी एक बात जान लो बिन नारी के मनुष्य का नहीं अस्तित्व जगत मे,
यह सत्य अब पहचान लो की नारी बिन कोई नहीं जन्मा है इस धरा तल मे।

नारी से ही अस्तित्व हमारा नारी से ही यह जग सारा है,
क्यो भूल गए आदिशक्ति ने तो देवों तक को उद्धारा है।

नारी ही है जिसने ब्रह्मा विष्णु महेश को पाला है,
नारी ही है जिसने इस जगत सारा संभाला है।

12

Shrey Kumar Dutta

Shrey Kumar Dutta, a 20 years old aspiring guy who loves writing since school days. He was born and brought up in Bhagalpur of Bihar. Currently pursuing graduation in economics hons.. It is his first poetry in English language . His life taught a lot at very young age and this experiences made him a poet because he believes that emotions are too pure than the thought.

<u>That Horrible Night</u>

The body and soul,
Wants to aloof.

The room were screaming,
with full of sorrow.

Heart just asking one things.
Say God! what was my fault?

He never thought,
His end will be terrible.

The boy was writing,
His last massage.

His hand were trembling.
And the paper got wet.

The eyes were swell,
And body felt cold.

Like pillows were saying,
I can't suck your tears anymore.

The chair were cheering,
come on! climb on me dear.

The hanging rope gazing,
Grab me on your neck,

as if every corner saying,
let's take! your last breath.

13
Shweta Rapria

Shweta Rapria, a science graduate, budding lawyer, passionate writer and amateur painter. she has been writing since very young and she normally writes about pain grief and love but from time to time try other genres too. In the hectic life with so much going on writing poetry is her solace.

For the young lovers

Love is a wild animal
We take it from the wood.
With a bit of food and kindness
But then at moment it would turn
and it will run, bite or kill.
It'll hide within You then act great
And finally kill,
hurting the rest of you.
But if you make exceptional connection.
It can surrender and stay.
But still it will be a giant predator
You being a minute prey

Love is kind of witch
Spelling curses hexes and spells.
It is the old hag by corner.
weaker than evil clever than all.
Love make potions
of concealment and kisses
It get to your bones ,
muscles and blood all cold
It will feel like you are shot
but you will smile
And Say I am alright.
your chest will hurt badly.
when torn apart.
As love walks away
And you are too out of your sight
You will be lured by love again
And for its nasty ways ,
You will push the morals away

But my best friend at wrong age
Even right and good things brings dismay.

14
Sudhanvi Vakul Vakulabharanam

Sudhanvi Vakul an IT professional with passion of writing. She calls herself a free style writer who often converts her deep thoughts into words leaving an open perception to the reader. This is one among them. Hope you like it!

The Tale of Unloved

In the long barren lands of city
Abandoned, there was a house
unloved was its name
uncared was its stature
unearthed was its happiness
unrooted was its lawn
unnerved was its peace
unasked were its whereabouts
unaware of its key
unloved sits around waiting
there would come hope
but locked was its door
and so the way in or out

15
Tanuja Rayjade

This is Tanuja Rayjade, 22 years old young girl, From Nashik, Maharashtra.. She loves Traveling, Music, Sports and Riding Bikes .. She has completed her graduation in B.Com and now pursuing MBA in Finance... She's already a part of Anthology book "Musafirr".. She is writing from 2015.. The fact behind her writings are they always based on her own Experiences and Real Incidents...

मुझे तो बस जीना हैं अब..

बहोत हो गया यार,
मुझे तो बस जीना है अब...
बहुत सोच लिया दुसरों के बारे में,
मुझे खुद के बारे में सोचना है अब...
पैर तो जमीन पे है,
आसमान को भी छूना है अब...
बहुत किया लोगों के लिए,
खुद के लिए कुछ करना है अब...
रास्ता तो दिखाई दे रहा है,
बस उस मंजिल तक पहुँचना है अब..
लोगों का क्या है,
लोग आते हैं जाते हैं,
उनको बहुत खुश रख लिया,
पर मुझे खुद खुश रहना है अब...
बीत गया वो कल, वो राते, वो टुटना, वो बिछडना, वो रोना, वो हारना,
मुझे तो बस आगे बढ़ना है अब..
सफर को मंजिल से भी खूबसूरत करना है अब,
मंजिलों का फासला कम करना है अब,
बहुत हार लिया मैंने जिंदगी में,
मुझे तो बस जितना है अब..
हा..

बहुत हो गया यार..

मुझे तो बस जीना है अब,
मुझे तो बस जीना है अब...

16
Tushar Tyagi

Tushar Tyagi,born in delhi is a native of Sonipat,Haryana. Growing up in a village,in a lap of mother nature, he's inclined towards it and hence an animal lover. In this world, whenever misery is around,Tushar makes sure that he always laughs and spread laughter.He finds his peace in words and loves to put his emotions on paper.

इश्क

जिस पर लिखता उसका जवाब नहीं आता
इस दिल को मेरे करार नहीं आता
और पूछता हूँ दिल थाम कर तुझसे
क्या तुझे मुझ पर प्यार नहीं आता ?
पूछे बिना दिल को करार नहीं आता ।

माना अब हम बात नहीं करते
चलो माना आज भी नहीं करते
के इंतेज़ार रहेगा बेसब्र कल का
बस कल मत कहना कि बात नहीं करते ।

तुझे देखा है जब से
ना जाने कुछ मदहोश हूँ,
महादेव मिला देंगे तुझसे
इसलिए थोडा खामोश हूँ ।

जो सोच रहा है मर जाऊँगा
मैं बता रहा हूँ तर जाऊँगा
नहीं हुआ मोहब्बत ए संगम तो क्या ?
रिश्ते बहुत हैं मेरे पास.......... . उनके लिए घर जाऊँगा।

मुझे मंज़िल ए इश्क मिले
खुदा को ये मंज़ूर नहीं
थोडा सच बोलने से डरता हूँ
वैसे दिल कमजोर नहीं।

नज़ारे मोहब्बत बडे दूर हैं
आसानी से ये मिलते नहीं
क्या करें ये इश्क के फूल हैं
हर आंगन में खिलते ही नहीं।

के लिख दूँ किसी और के नाम मोहब्बत
सच मुझे अब दिखाई देता है
नहीं होगा उसका और मेरा संगम
ये सब मुझे अब सुनाई देता है।

भूल कर तुझे मैं मर जाऊँगा
मोहब्बत हुई पूरी तो तर जाऊँगा
और सब कुछ बताने से क्या होगा
जब वक्त आएगा मैं कर जाऊँगा
के चुप हूँ मैं एक कारण के चलते
अगर हो गई ना तो मैं डर जाऊँगा

अपनी आँखों में देख मेरा नाम है क्या ?
पुछ ले दुनिया से तुषार बदनाम है क्या ?
के मोहब्बत है तुझे तो खुलकर बोल
खुलकर बोलने में परेशान है क्या ?

सपनों में देखा है उसे
हकीकत बड़ी लाजवाब होगी
बड़ा खुशी का माहौल होगा
जब उसकी परछाई साथ होगी ।

ना जाने ये कौन सी राह है ?
क्या इस राह पर सवेरा है ?
खुश तो होते हैं बहुत से आशिक़
पर मोहब्बत की राह पर सिर्फ अंधेरा है ।

चलो आज मोहब्बत सच्ची करते हैं
आज़माइश अपने आप की पूरी करते हैं
सोचता हूँ क्या छु पाएंगे उस मुकाम को हम
जहाँ आशिक़ जन्म भर साथ की फरमाइश करते हैं।

मैं अपने सभी सह-लेखकों को धन्यवाद देना चाहूँगी जिन्होंने इस पुस्तक को वास्तविकता में बदलने के हर पहलू पर मुझे समर्थन और धैर्य दिया।
पूरे दिल से, मैं इस अद्भुत यात्रा के दौरान हमारे बंधन के सम्मान में आप सभी को एक छोटी सी भेंट देना चाहती हूँ
आशा है आप सभी को यह पसंद आएगा।धन्यवाद!

www.ingramcontent.com/pod-product-compliance
Lightning Source LLC
Chambersburg PA
CBHW031511150726
47990CB00007B/2972